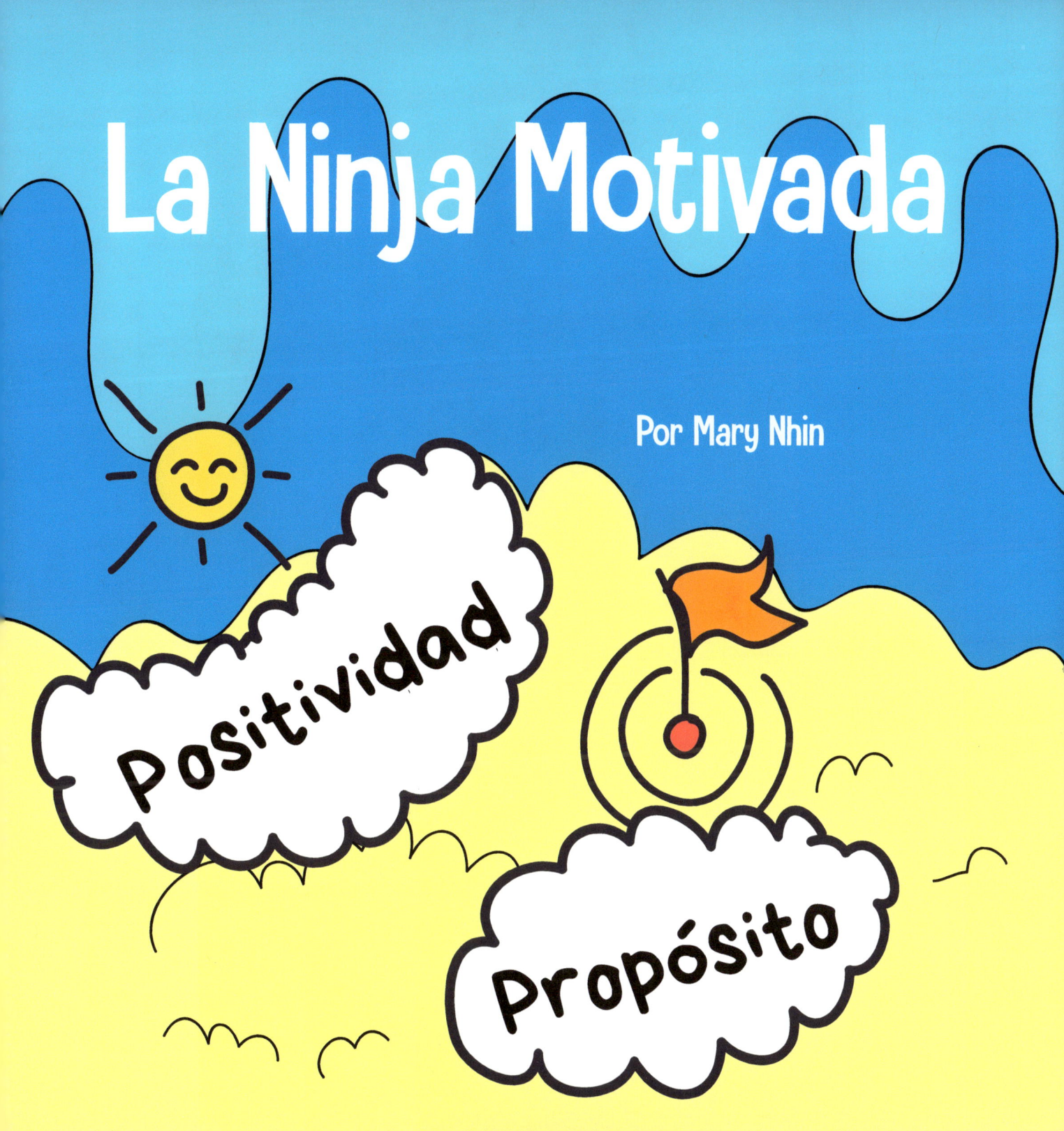

Estaba tirada en el suelo de la casa de árbol cuando apareció la Ninja Solucionadora de Problemas.

Un conjunto de pintura estaba empezando a supurar pintura en las tablas del suelo de madera - Me habia molestado cuando la pintura no habia salido bien.

Rompecabezas, actividades de cohetes, juegos de cartas - todos ellos colocados desordenadamente en el suelo. Yo solo habia comenzado la actividad de cohetes, pero me habia aburrido y me detuve.

¡Uf! No puedo hacer nada de esto.

Las 4 Ps

Pasión - significa querer hacer algo.
Propósito - significa tener una razón para hacerlo.
Plan - significa averiguar cómo hacerlo.
Positividad - ¡así que sigue intentando hasta que lo hagas bien!

Plan

Positividad

Propósito

Esa noche, pedí algunos consejos para tejer.

Luego, establecí un plan para practicar solo diez minutos al día.

Unas semanas después, cuando era el cumpleaños de mi abuelita, le di el regalo.

Sostuvo una hermosa bufanda larga y un gorro de lana con un pompón encima.

¡Ella se los puso de inmediato, a pesar de que era un día cálido, y les dijo a todos que yo los había hecho para ella!

¡El recordar las 4 Ps podría ser tu arma secreta para construir tu superpoder de motivación!

www.ingramcontent.com/pod-product-compliance
Lightning Source LLC
Chambersburg PA
CBHW040209100526
44583CB00002BA/68